AF353305

Design Thinking

para principiantes

La innovación como factor para el éxito

empresarial

de Kilian Langenfeld

Índice

Introducción

En las últimas décadas se han creado más cosas y han habido más innovaciones que nunca. Desde 1980, el número de patentes anuales se ha triplicado a nivel mundial, lo cual es un reflejo de la fuerza innovadora de las empresas y organizaciones. Debido a la creciente digitalización y globalización, las nuevas empresas pueden estar presentes inmediatamente en el mercado internacional con una buena idea. Pero, ¿de dónde provienen las ideas nuevas, creativas y extraordinarias, si le han asignado la innovación a un departamento de investigación? No es de extrañar que ninguna compañía de taxis en el mundo haya creado un servicio como el de Uber. Esto se debe a que no se han atrevido a pensar más allá de lo común. Las ideas no nacen de un documento de Excel. Sobre todo, puede llegar a olvidarse que las personas son lo más importante. El Cliente no es sólo un número en un sistema contabilizado, sino alguien con necesidades que deben satisfacerse.

En el área de la medicina se ha reconocido que es necesario un enfoque diferente para entender mejor tanto a las enfermedades como a las personas. Ese enfoque es la Medicina Holística, en la que no sólo los síntomas deben ser tomados en cuenta, sino también el historial médico, el estado emocional y los problemas que tiene el paciente. Simplemente, el paciente es visto desde distintas perspectivas.

Este enfoque se encuentra en la actualidad también en las empresas, y se le llama "Design Thinking". Quien quiera innovar hoy en día, difícilmente podrá evitar utilizar este método. Así como un médico no puede realizar un diagnóstico por sí mismo, sino que depende también de los laboratorios y de los radiólogos; las innovaciones y las nuevas ideas no nacen de la nada. Hoy en día, más que nunca, la innovación es un trabajo en equipo.

David Kelley, quien alcanzó la fama gracias a su agencia de diseño e innovación "IDEO", ha introducido el Design Thinking en el ámbito económico, cuando antes sólo era utilizado en la ciencia. Además, los profesores Larry Leifer y Terry Winogard tuvieron un rol importante en el desarrollo del Design Thinking en los Estados Unidos de América. El Design Thinking cobró fuerzas en la élite de la Universidad de Standford debido a la fundación de un instituto llamado "D.School". Hasso Plattner, creador de SAP, fue el patrocinador del D.School.

En Alemania se fundó la escuela de Design Thinking como parte del Instituto Hasso-Plattner en cooperación con la D.School de Standford. Se puede estudiar una línea básica y una avanzada, y luego sumergirse más profundamente en el tema, con este pequeño libro.

Sin embargo, lo que se busca es introducir el Design Thinking y ayudar a realizar proyectos innovadores con éste método. Cuando haya problemas que no se puedan resolver de una manera convencional, este método puede ser de gran utilidad.

Design Thinking: Definición

Cabe destacar que éste término es muy antiguo, porque ya a finales de los años sesenta, L. Bruce Archer escribió en su libro "Systematic Method for Designers" (Método Sistemático para Diseñadores) sobre un proceso al que llamó "Design Thinking" (Forma de pensar del Diseño). Luego, Robert McKim's incorporó la expresión "Ingeniería del Diseño". En 1987, Peter Rowe publicó un libro titulado "Design Thinking" (Forma de pensar del Diseño), que, en aquel entonces, todavía iba dirigido principalmente a los Arquitectos y Urbanistas.

Hoy en día, el Design Thinking es, sobre todo, un método para resolver los problemas de forma práctica y creativa. Esto significa que, a diferencia del brainstorming abierto, al final del proceso debe generarse una solución al problema. Este puede ser un problema real, o uno que se cree que podría surgir en el futuro.

Un ejemplo de esto es la industria del turismo: la mayoría de las grandes empresas saben que los Clientes podrían hacer todo por sí mismos (buscar hoteles, vuelos, excursiones, guías turísticos, restaurantes), y no necesitar más una agencia de viajes. A través del proceso de Design Thinking, se pueden intentar buscar ideas para solucionar el problema de la disminución de Clientes.

Aunque el Design Thinking puede ser conocido como un proceso de innovación, el próximo iPhone no será inventado cada vez que se use este método. La innovación está en encontrar una solución creativa e inusual, una solución innovadora.

Hay dos caminos que se pueden seguir para solucionar problemas:

- El camino orientado a los problemas, o

- El camino orientado a la solución

En el caso del camino orientado a los problemas, el enfoque será sobre todo analítico. De la misma forma en que un científico examina priimero el problema y luego trata de encontrar una solución basada en la información disponible.

Con el enfoque orientado a la solución, se busca lograr aproximarse a la meta, principalmente tanteando. De allí viene el clásico principio de "ensayo y error". Si la primera idea no funciona, se pasa a la siguiente hasta que se consiga una buena solución.

En los círculos gerenciales existe un juego interesante que suele usarse en talleres, y que describe muy bien estos dos enfoques: los jugadores deben construir una torre lo más alta posible usando fideos secos, malvaviscos, cinta adhesiva y una cuerda. Tom Wujec inventó este juego para demostrar que nuestras suposiciones pueden ser erróneas. Por ejemplo, el pensar que un malvavisco es muy ligero y que sólo unos cuantos fideos pueden sostenerlo. Esto demuestra que los problemas no siempre se pueden resolver con un enfoque analítico, y que por lo general se sigue un solo enfoque. El objetivo de este juego es construir la torre, haciendo pruebas constantemente.

En el Design Thinking, un proceso puede tener muchas fases, que serán explicadas en los próximos capítulos. Sin embargo, para poder participar en un proceso de este tipo, se deben conocer algunos conceptos básicos y también ser capaces de cumplir con algunos requisitos previos.

Qué es diseño?

Comprender el diseño no se trata de diseñar productos o edificios. De lo que se trata es de entender el proceso de diseño. ¿Cómo funciona un diseñador? Existe un dicho en el diseño, "la forma sigue a la función", y esta frase describe muy bien que el diseño está orientado a la función, o aún mejor, a los resultados. Un diseño siempre resuelve un problema. Si se tiene que construir una nueva silla, hay que resolver el problema de que se debe poder sentarse bien y cómodamente en ella, o que los nuevos materiales tienen que ser procesados de forma económica. Cuando se construye una casa, hay que satisfacer ciertos requerimientos de los propietarios, por ejemplo, una chimenea abierta y una habitación de pasatiempos. Como diseñador, no comenzará su programa de arquitectura y simplemente dibujará un plano. Más bien, se considerará qué sentimientos evoca una chimenea abierta o qué se asocia con una habitación de pasatiempos. Se intentará entender el universo del problema.

Pero el diseño también es un proceso visual. Los diseñadores a menudo trabajan con prototipos, modelos pequeños, fotos, o cualquier material que esté a la mano, para poder materializar una idea. Incluso podrá sacar sus bloques de Lego del sótano (o robárselos a sus hijos) y usarlos para construir pequeños prototipos.

Debido a que este libro trata sobre el Design Thinking y no sobre el diseño en sí mismo, lo dejaremos en esta breve definición. Más adelante regresaremos a cómo ponerlo en práctica.

Human Centered Design (HCD)

En el diseño, existe una escuela que sitúa no sólo la solución de un problema, sino también al ser humano, en el centro de sus esfuerzos en todas las etapas del proceso de diseño. Esto se llama "Human Centered Design". Oficialmente, el HCD se describe a continuación en la correspondiente norma ISO:

> *Human Centered Design es un enfoque para el desarrollo de sistemas interactivos que tiene como objetivo hacer que los sistemas sean significativos y útiles, centrándose en los Clientes, en sus necesidades y requisitos y tomando en cuenta factores como la ergonomía, el conocimiento y las técnicas. Este enfoque mejora la eficiencia, mejora el bienestar humano y la satisfacción de los Clientes, la accesibilidad y la sostenibilidad. También contrarresta los posibles efectos negativos sobre las personas, su salud, su seguridad y su rendimiento.*[1]

---

[1] International Organization for Standardization (2010): Ergonomics of human-system interaction -- Part 210: Human-centred design for interactive systems

Básicamente, esto constituye la base del Design Thinking, porque se trata de la producción de soluciones y no sólo de un proceso de documentación. Usualmente ambos términos, "Human Centered Design" y "Design Thinking", se utilizan juntos. La principal diferencia es que Design Thinking tiene un enfoque diferente. El Human Centered Design busca mejorar el manejo de un producto involucrando al Cliente en el proceso. Sin embargo, el Design Thinking se trata más bien de crear productos que satisfagan las necesidades del Cliente. Hay enfoques y talleres interdisciplinarios, pero también un enfoque HCD. Lo que ambos tienen en común es que funcionan de manera iterativa. Después de la teoría en sí, el Design Thinking tiene cuatro fases y el HCD seis fases, pero en la práctica estos límites suelen difuminarse.

Áreas de aplicación

Antes de adentrarnos en el proceso, que es el núcleo del Design Thinking, se debe tener antes una idea de dónde se puede o no usar el Design Thinking. Siempre se puede utilizar cuando se va a crear algo nuevo, o cuando se va a resolver un problema y se necesitan enfoques diferentes y creativos. Se debe tener cuidado de pensar que el Design Thinking es la clave para resolverlo todo. No se puede resolver todo con él, y en muchas áreas el Design Thinking sólo ocurre en paralelo, o precede a un proceso clásico de diseño y desarrollo.

A veces estos problemas pueden ser pequeños, como por ejemplo, el rediseño de un área de recepción en un hotel. Las áreas de recepción siempre presentan el problema de que son muy grandes y espaciosas, y el huésped se siente perdido en ellas. A menudo se ven obligados a hacer un largo recorrido por este pasillo hasta la recepción. Con el Design Thinking se pueden desarrollar nuevas ideas sobre cómo resolver este problema.

Supongamos que el área de recepción ya no cumple con las nuevas normas de protección contra incendios porque necesitaría otra salida de emergencia. En este caso, no se necesitan ideas creativas, sólo buenos ingenieros civiles que comprueben la estática y luego decidan dónde se debe construir la salida.

Pero también se puede utilizar el Design Thinking, por ejemplo, para cuestionar los procesos y procedimientos internos de una empresa. Roland Berger, Consultor de Gestión, sugiere que este método debe ser la base de todos los procesos de toma de decisiones en una empresa.[2]

El proceso de Design Thinking no reemplaza la realización concreta. Al final siempre habrá un prototipo, un modelo, que tiene que ser programado, fabricado o construido.

---

[2] Roland Berger: Design Thinking: Von einer Produktentwicklungsmethode zu einem Ansatz für strategische Entscheidungsprozesse. URL: https://www.rolandberger.com/de/press/Design-Thinking-Von-einer-Produktentwicklungsmethode-zu-einem-Ansatz-f%C3%BCr-strate-2.html [Actualizado: 20-04-2018]

Pre-requisitos

Para que un proceso de Design Thinking funcione de forma exitosa, se deben cumplir una serie de requisitos previos. La gestión, en particular, debe cumplir estos requisitos y, sobre todo, proporcionar los recursos necesarios. Un proceso de Design Thinking no requiere semanas, pero puede llevarse a cabo en unos cuantos talleres cortos. Sin embargo, depende también de la magnitud del proyecto innovador y de lo extenso que sea. Los empleados que están asignados al proyecto también deben estar disponibles. Si Usted está dirigiendo el proyecto, tendrá que insistir en tener a disposición al personal necesario. Ya que el Design Thinking es muy interdisciplinario, a veces tendrá que usar la persuasión, como por ejemplo, ¿por qué un empleado de almacén debe participar en la innovación de productos?. Pero es importante que no sólo (o preferiblemente en lo absoluto) los expertos traten de desarrollar ideas nuevas y descabelladas.

Lo que también se necesita es tiempo para completar el proceso. No es un problema dividir el proceso en varios días, fines de semana o semanas, siempre y cuando consiga que los empleados estén disponibles para estos eventos. A menudo puede ocurrir que se tenga que luchar por ello, porque un taller de este tipo a veces puede parecer irrelevante.

Y esto se aplica en particular a la tercera condición: la actitud. Tanto la gerencia como los participantes en Design Thinking deben ser conscientes de que no está prohibido pensar, de que nadie es evaluado por su rendimiento y de que se trata de un proceso abierto. Esto significa que al principio nadie sabe cómo será el resultado final. Sólo se sabe que se quiere encontrar una solución. Una parte importante es que no se necesita el perfeccionismo, sino todo lo contrario. Cuanto más libre sea el pensamiento, y más se pueda improvisar y construir prototipos sencillos de cartón, más probable es que se consiga un resultado.

La mejor manera de asegurar esto es involucrar a todos los participantes y afectados para que se reúnan antes del proceso de Design Thinking y aclaren de qué se trata el proyecto, y qué es lo que se quiere lograr (y lo que no se quiere lograr). Al final del libro se verá por qué es tan importante contar con las personas adecuadas y obtener el mayor apoyo posible a la hora de poner en práctica la idea.

Procesos

El Design Thinking requiere de muchas opiniones e ideas diferentes, las cuales pueden y deben descartarse constantemente. Hasta cierto punto es un proceso que fluye, como un río lleno de remolinos. En algún momento, un río tiene un final, pero hay un largo camino hasta ese punto. El Design Thinking puede basarse en tres procesos que son necesarios para implementarlo con éxito.

Interdisciplinario

Un proceso interdisciplinario significa que durante las distintas fases, el equipo debe permanecer diverso. Tres ingenieros solos no serán capaces de lograr nada, al igual que tres diseñadores gráficos. Pero si se juntan los seis y se suman algunos otros empleados, puede surgir algo nuevo.

Sin embargo, los equipos no siempre son armoniosos, especialmente cuando son interdisciplinarios e interdepartamentales. Sin embargo, como el equipo es una parte fundamental del proceso, se debe realizar un breve ejercicio para coordinar un nuevo equipo.

Llame a los nuevos miembros del equipo y pídales que escriban las respuestas a las siguientes preguntas:

- ¿Qué buenas experiencias he tenido en equipos anteriores?

- ¿Qué me frustró más?

- ¿Qué peculiaridades tengo? Por ejemplo, ¿cómo hago mi trabajo?

En el siguiente paso, todos deben sentarse juntos y presentar sus respuestas. Al principio, se trata de que se conozcan mejor, pero también se pueden crear reglas para las respuestas, que posteriormente se aplicarán al equipo. Un buen número son 5 reglas. Si todos están de acuerdo, las reglas se escriben y pasan a ser obligatorias. La mejor manera de hacerlo es colocar las reglas en la sala de reuniones en un cartel grande.

En los primeros días, puede ser de ayuda realizar algunos juegos sencillos para romper el hielo, especialmente cuando se requieren ejercicios en grupo. Uno de los juegos es que los miembros del equipo se alinean en un círculo y cada integrante presenta a la persona que tiene a su lado, diciendo su nombre y algo más sobre la persona.

Siempre habrá problemas en los equipos, es parte de la naturaleza del hombre. ¿Cómo se pueden resolver? Hablando sobre ello lo antes posible. Un proceso creativo como el del Design Thinking necesita todo el potencial del grupo, por lo que las interrupciones deben corregirse lo antes posible. Cuanto más abierta sea la comunicación en un grupo, mayor será su éxito. Y tales mediaciones no son necesariamente la tarea del líder del equipo, sino también de cada miembro.

El líder de un equipo sólo puede dirigir a su equipo si hay confianza. En el Design Thinking no debe haber prohibiciones sobre el pensamiento, ni nadie debe tener miedo de decir algo mal. Cuanto más confianza tengan un líder y los miembros del equipo entre sí, mejor podrán trabajar juntos.

Al crear un equipo en el proyecto Design Thinking, hay que asegurarse de que los participantes tengan una formación lo más distinta posible. Se buscan personas con ideas, no profesionales que siempre estén en el lado seguro. Cuanto menos tengan que perder los participantes, más descabelladas serán las ideas. A veces el ayudante del servicio de limpieza es una mejor opción que el creativo de un departamento de publicidad.

Iterativo

El Design Thinking no es un modelo lineal. No hay hitos, como en la gestión de proyectos, que se trabajan uno tras otro. En lugar de eso, es un proceso iterativo, en el que se tendrá que retroceder una y otra vez. Especialmente al final de las fases, se creará un prototipo que probablemente volverá a pasar por el proceso de Design Thinking.

Como con cualquier buen diseño, aquí también se puede seguir el camino enfocado en la solución al ir probando opciones. Imagine construir una casa lo más grande posible con cartas. Se empieza con una pequeña construcción, pero en el siguiente paso resulta no ser suficiente, por lo que puede que se tenga que crear una nueva base que pueda llevar más cartas. Así es como será en un proceso de Design Thinking.

Si se está acostumbrado a la forma clásica de gestionar proyectos, entonces los pasos iterativos son ciertamente un poco inusuales. Pero si tiene experiencia con el método Scrum, podrá manejarlos fácilmente. El elemento iterativo está presente en todo el proyecto y todas las fases. Es posible que se tengan que reconstruir los prototipos (lo cual es muy probable), pero también es posible que se deban reconstruir fases individuales o incluso todo el proyecto. Usted podría no ser el primero en tener una buena idea, pero quizás falló porque desconocía ciertos parámetros. La escala de las ideas, en especial, siempre ocasiona problemas y lo obliga a uno mismo a modificar y adaptar las ideas.

Flexible

En los procesos creativos, la prohibición de pensar es lo peor que puede ocurrir. Si un jefe empieza un proyecto de Design Thinking con las palabras "sé creativo pero, por favor, asegúrate de usar solamente nuestros propios productos, que el producto sea simple y que podamos enviarlo pronto", habría sido preferible no decir nada. Un proyecto de diseño tiene que estar orientado a los objetivos, pero también abierto a los resultados. Esto significa que al principio no se tiene idea de lo que realmente resulta al final.

Un ejemplo histórico es la invención de la bombilla. Thomas Edison no tuvo una idea brillante y al día siguiente se inventó la luz eléctrica. De hecho, tuvo que experimentar mucho, probar materiales nuevos y diferentes, preguntar y entender cómo lo hacían otros y por qué no funcionaba de esa manera, hasta que finalmente encontró un filamento de carbono que brillaba lo suficiente y tenía el voltaje correcto para que no se quemara inmediatamente.

Edison sabía lo que quería, pero tenía que ser lo suficientemente flexible para probar diferentes materiales. Incluso después de obtener la patente,

Edison continuó trabajando para mejorar el producto. Si alguien le hubiera dicho que era imposible emitir luz por encima de cierto voltaje, o que el carbón siempre se vuelve polvo, tal vez no tendríamos electricidad hoy.

La flexibilidad en el Design Thinking significa que hay que ser flexibles en el pensamiento y cuestionar las cosas cuanto sea necesario.

Otro ejemplo más actual es el Casino Vienés y el Centro de Lotería[3]. Durante mucho tiempo, la innovación en esta área ocasionó que se esperara que el departamento de TI presentara una propuesta, porque hoy en día los juegos de azar se realizan casi exclusivamente en línea, y se necesita un programador para casi todo. De hecho, hubo ideas, como por ejemplo, los raspa-y-gana digitales, que es uno de los grandes éxitos de los casinos en línea en los países de habla alemana. Pero eso no era suficiente. Así que se reconstruyó toda la empresa: hubo nuevas asignaciones de personal, remodelación y responsabilidades. La innovación es ahora un asunto

---

[3] Kramer, A. (2016): Design Thinking in der Praxis: Casinos, MAM, Erste Bank, ÖBB. URL: https://www.trend.at/branchen/karrieren/design-thinking-praxis-7624507 [Actualizado: 05-04-2018]

del jefe, la junta tiene que asegurarse de que siempre se produzcan nuevas ideas. Otro método útil fue un "desafío Increíble", en el que equipos de cuatro personas cada uno debían producir nuevas ideas. Y se crearon algunos enfoques útiles, algunos de los cuales pronto serán implementados. Gracias a que en este caso se rompieron los viejos hábitos y se puso la innovación sobre una base más flexible y más amplia, se hicieron posibles las nuevas ideas.

Ahora se debe saber lo básico para adentrarnos en el proceso de Design Thinking.

Fases

El Design Thinking generalmente se refiere a las fases por las que se debe pasar. Es bastante común pasar por estas fases más de una vez, y en algunos casos se recomienda explícitamente hacerlo así. A menudo, estas fases se representan incluso como un círculo porque no son lineales, deben procesarse una tras otra.

Las fases consisten en acercarse lentamente a una solución. Con el fin de ser lo más parcial posible, primero se trata de entender la situación en la que Usted (y el Cliente/usuario) se encuentra. Esta es la fase de inmersión. Cuanto más amplia sea su investigación aquí, mayor será la cantidad de material que tendrá posteriormente cuando se haga una lluvia de ideas. En la próxima fase, se analizará y organizará la información que se ha recopilado. Esta fase consiste en encontrar similitudes y relaciones. La fase siguiente es la de ideación. Esta es la fase más divertida, porque es aquí donde se buscan (y se espera que se encuentren) todas las ideas. Este proceso puede tomar un tiempo, porque de las numerosas ideas que surjan, hay que escoger las que son particularmente buenas. Luego, se procede a utilizar estas ideas para construir prototipos, ya sea como objetos o como conceptos. Los prototipos tienen que ser probados al final, hasta que queden aquellos que se crea que resuelven mejor el problema. Por último, tendrá que poner en práctica estas ideas para confirmar que funcionan.

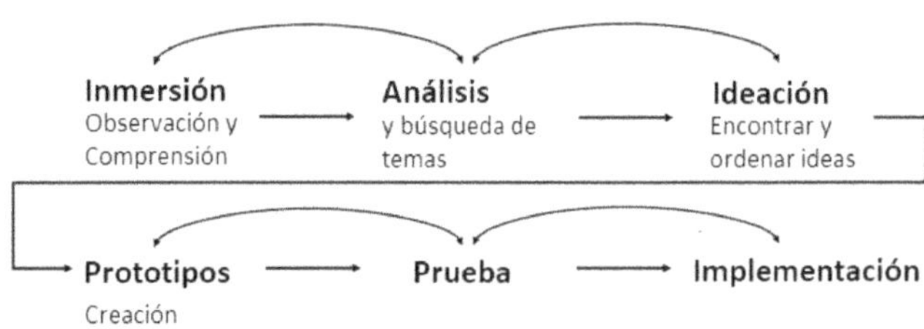

Los arcos del gráfico reflejan que los pasos están conectados y que se puede volver una y otra vez. Aunque las fases son secuenciales, lo son principalmente por razones lógicas, por lo que no deben entenderse necesariamente como una secuencia lineal. A menudo, el Design Thinking también se representa como un círculo para mostrar que siempre se puede volver al principio. Pero como se trata de encontrar una o más soluciones a un problema, aquí se utiliza el método de flujo, porque definitivamente hay un final: la fase de implementación.

Sin embargo, rara vez se da el caso de que se salte de la fase de inmersión directamente a la fase de creación de prototipos, al menos no cuando se pasa por este proceso por primera vez.

Inmersión

La primera fase es la inmersión. Aquí es donde, en realidad, uno se sumerge en el tema y en el universo del problema. A veces, a esta fase también se le llama la fase de empatía. El propósito principal de la inmersión es ponerse en los zapatos del Cliente y caminar en su mundo. Este puede ser el caso, literalmente, de un fabricante de zapatos: un gerente probablemente se beneficiaría de andar en zapatos de mujer con tacones altos durante un día entero. Pero la inmersión no sólo significa jugar con sus propios productos o probarlos. Se trata de conocer a los Clientes (o empleados) y sus problemas.

Al alquilar habitaciones AirBnB, se recomienda que los empleados, después de haber sido contratados, se queden como huéspedes de AirBnB en diferentes alojamientos durante una semana. Deberán probar por sí mismos lo que experimentan los Clientes de AirBnB, hablar con ellos, pero también con los propietarios, y aprender cómo se diseña el mundo de AirBnB. En este caso, el trasfondo es un proyecto que piensa en el diseño: al principio había caseros, pero casi no había Clientes. En un taller, surgió la idea de contratar fotógrafos profesionales en lugar de utilizar fotos tomadas con los teléfonos móviles de los propietarios, ya que así se tomarían fotos de mayor calidad de los apartamentos. Esto se implementó inmediatamente, y el número de reservas aumentó rápidamente. Incluso hoy en día se ofrece un servicio profesional en los EE.UU. para garantizar que los bienes inmuebles se muestren realmente tal y como son.[4]

El término empatía se utiliza a menudo en relación con el Design Thinking y la fase de inmersión, ya que no sólo se aprende a entender cómo piensa el Cliente, sino también cómo se siente. Las encuestas a los Clientes de los hoteles son un buen ejemplo: siempre preguntan cómo fue la primera impresión en la recepción. Sin embargo, a menudo se olvida que la primera impresión la suele dar el vigilante de seguridad en la puerta o en el aparcamiento. Si esta persona tiene una sonrisa

---

[4] Eshaghmohammadi, F. (2016): Become the patient – Design Thinking Grundlagen. URL: http://www.ppcdetective.de/blog/design-thinking-blog/become-the-patient-design-thinking-grundlagen/ [Actualizado: 15-05-2018]

amistosa, el estado de ánimo es mucho mejor que al tener un hombre gruñón que está sentado allí, sin ganas de trabajar. Lo mismo se aplica a los restaurantes que ofrecen un servicio de aparcamiento o, por ejemplo, a los edificios de oficinas. La primera persona que escuche un "¿Carnet de identidad?" al entrar en un edificio de la empresa, no estará necesariamente de buen humor.

Las excursiones también tratan de identificar los llamados "comportamientos extremos". ¿Por qué alguien compra todos los zapatos de una marca? ¿Por qué un producto tiene tantos comentarios en línea? Si las experiencias de los Clientes son positivas o negativas no importa al principio. Lo más importante es recibir muchas opiniones variadas. Los puntos de vista extremos son tan importantes porque lo más probable es que le lleven a Usted a nuevas ideas más adelante.

Comprensión

Para entender un problema, hay que examinarlo cuidadosamente. Pero difícilmente se puede hacer eso con los métodos y herramientas que causaron el problema. El problema ha surgido, en su mayor parte, dentro de la empresa, y es importante averiguar el origen del problema y cómo está conectado con la empresa. Esto suena más complicado de lo que en verdad es. En realidad, sólo se tiene que recopilar toda la información que tiene que ver con el problema. La mejor manera de hacerlo es en pequeños talleres. Supongamos que se ha notado que el departamento de ventas no es tan eficiente como solía ser, pero no se sabe por qué. Pero como la competencia sigue activa, hay que hacer algo para que las ventas vuelvan a ser más eficientes.

En primer lugar, se deberá hablar con todos los empleados que participan en las ventas sobre cómo perciben las ventas, lo que piensan sobre los empleados y el sistema de ventas. Usted querrá saber qué suposiciones se hacen sobre las ventas. Luego, compartirá toda la información con todos los que participan en el proyecto de nuevas ventas.

Este proceso también se denomina "reestructuración", o nueva estructura. Consiste en que Usted y los demás empleados puedan separarse de los puntos de vista anteriores y adquirir nuevos puntos de vista más objetivos.

Si Usted trabaja en el turismo, o si le gusta viajar, seguramente habrá experimentado que los turistas se quejan del hecho de que hay demasiados turistas en el complejo turístico. Como extranjeros, nos limitamos a sacudir la cabeza y pensar: "ellos mismos son turistas". Pero como viajero, Usted tendrá una visión diferente de las cosas y, sobre todo, diferentes expectativas. Los turistas a menudo tienen una imagen estereotipada de un complejo turístico que se parece mucho a la de una isla desierta con palmeras. Cuando llegan a una playa pavimentada con hoteles, ya no entienden el mundo. Su tarea, en este caso, es ver el complejo turístico a través de los ojos de los turistas, pero también hacer suyas sus expectativas. Además, en este ejemplo, no sólo debe hacer que el Cliente viaje, sino que, sobre todo, debe tener muchas conversaciones con los turistas - sus Clientes- y además, con otros, para poder entender lo que esperan.

A menudo es revelador cuando se proyectan todos los resultados de las conversaciones que se han tenido en un esquema o como un mapa mental en la pared. Por cierto, los mapas mentales son muy adecuados para este proceso, especialmente aquellos que pueden ser utilizados de forma colaborativa.

Observaciones

Una forma de tratar mejor el tema es participar en excursiones. Especialmente aquellos que trabajan en la gerencia tienen poco contacto con el vendedor, o con los Clientes que entran en un negocio. Pero también puede ser suficiente si Usted pasa algún tiempo en un centro comercial donde su empresa tiene una sucursal. Ver y entender el mundo real es un proceso realmente útil en el Design Thinking y constituye la base de todo lo que sigue.

El Bank of America lo experimentó personalmente cuando simplemente habló con Clientes comunes y corrientes sobre cómo utilizan su cuenta corriente normal. También entraron en contacto con una mujer que dijo que cada mes paga sus cuentas redondeadas al siguiente dólar. Por un lado, no tenía la sensación de que le debía dinero a nadie y, por otro, al final del año le devolvían el dinero que había pagado demás, lo cual la hacía muy feliz. Los banqueros se volvieron sensibles al tema, y preguntaron a otros Clientes, no cuánto estaban ahorrando, sino por qué. Y descubrieron que el ahorro tiene un componente emocional. Así que convirtieron el redondeo en una oferta de ahorros y los

Clientes les confirmaron que no hay mucha diferencia si se ahorran $10 o $100 - la buena sensación de haber ahorrado algo es crucial. El banco recibió 700.000 nuevos billetes porque ofrecía una especie de cuenta en una alcancía.[5]

Netflix es otro ejemplo. Se quería diseñar una nueva interfaz en 2011. Por regla general, las versiones A y B de estos cambios de software son creadas y luego son probadas permanentemente con la ayuda de los usuarios. Observaron exactamente lo que los usuarios estaban haciendo. Al final, salió una nueva versión, más densa, que fue criticada por muchos usuarios, pero ésta se usaba cada vez más que la versión anterior. Bryan Gumm, un desarrollador de productos de EE.UU., resumió esta experiencia: "What people say and what they do are rarely the same. We're not going to tailor the product experience, just to please half a percent of the people."[6] (Lo que la gente dice y lo que hace rara vez es lo mismo. No vamos a cambiar la experiencia del

---

[5] Russo, B. et al. (2012): Design Thinking Business Innovation, MJV Press, Rio de Janeiro

[6] Design for Founders: 10 Powerful Case Studies of Remarkable Business Growth With Design You Need to See. URL: https://www.designforfounders.com/business-growth-with-design/ [Actualizado: 29-05-2018]

producto, sólo para satisfacer a la mitad del porcentaje de los Clientes). Por esta razón, las encuestas son menos adecuadas, especialmente cuando se pregunta si algo es bueno o no. Observar al usuario, por otro lado, es más efectivo.

La Nutella lo demostró una vez cuando Boris Becker seguía siendo una figura de la publicidad. Becker lamió la Nutella de un cuchillo en un comercial, algo que todos hacemos. Pero hubo un reclamo inmediato de que era un ejemplo peligroso para los niños. Nutella lo tomó en cuenta y puso en el mercado un juguete de cuerda de Nutella, que no tenía nada afilado. Lo que se supone que muestra el ejemplo: Nutella simplemente había entendido que a los adultos también les gusta comerla, y que ahora, debido a que son adultos, pueden lamer el cuchillo hasta el fondo de su corazón sin que nadie los regañe. Esto sólo se sabe si se observa exactamente cómo se utiliza el producto y se presta atención a los detalles.

Salida

Para las excursiones existe una regla importante: el propósito no es obtener confirmación de lo que Usted sabe o cree que sabe. Por un lado, la relevancia de escuchar, y por otro lado, las excepciones a la regla, como la mujer que redondea, son especialmente importantes. Siempre se encuentra algo nuevo donde no se busca: en las esquinas, o para expresarlo estadísticamente, en los valores de excepción. Normalmente, cuando se descuidan los valores atípicos en un gráfico, uno mira de cerca el Design Thinking. Por ejemplo, si Usted tiene una tienda que genera ventas por encima del promedio, es interesante saber lo que sucede allí. Lo mismo se aplica a las tiendas que no generan suficientes ventas. En ambos casos, sin embargo, se debería hablar menos con el gerente, y más con los Clientes o con las personas que pasan por la tienda.

Viaje del Cliente

Otro método es el viaje del Cliente: Viva la vida de un Cliente durante un día y trate de observar dónde están los llamados puntos de contacto donde un Cliente se comunica con su empresa o servicio. Un fabricante de jeringas de insulina quería saber cómo mejorar el producto y hacer que sus empleados vivieran como diabéticos durante un día, incluyendo la administración de jeringas por sí mismos (pero sin insulina), el control de los alimentos y la verificación de los niveles de glucosa.

También se puede utilizar un viaje de Cliente de este tipo para gran variedad de productos y servicios. Otro ejemplo sería que Usted, como Cliente, intente que su empresa de TI desarrolle un sitio web. El intercambiar roles, en sí mismo, le dará muchas ideas.

Pero no se trata sólo de su empresa y de su producto en sí. Para entender al Cliente, también hay que observar su mundo. Si su empresa es un fabricante de ropa, Usted tendrá que lidiar con las tendencias. ¿Qué importancia tiene la moda para sus Clientes? ¿Qué modelos de conducta tienen? ¿Cómo deciden qué ponerse por la mañana? Pero también: ¿Dónde se pueden encontrar los creadores de tendencias? ¿Qué subculturas existen, que adaptan la moda a sus productos?

En este caso, se debería ir directamente a los clubes y ver a la gente. Allí también se obtendrán impresiones similares si se sienta en un lugar animado. Las estaciones de tren y los aeropuertos son siempre buenos lugares donde ir, porque hay mucha gente de diferentes países y grupos sociales.

En ventas, a menudo se habla de las cinco fases por las que pasa un Cliente: descubrimiento del problema ("necesito zapatillas nuevas"), búsqueda de información ("¿Qué zapatillas hay? ¿Cuánto cuestan?", etc.), evaluación ("¿Cuáles son más baratas? ¿Cuáles duran más?"), decisión de compra ("¡Me llevo éstas!"), comportamiento después de la compra ("¿Estoy satisfecho con las zapatillas?"). Ahora puede comenzar a revisar cada paso de este proceso y hacerse las preguntas respectivas. Paul Boag escribió un artículo bastante sencillo de entender en su blog sobre cómo empezar a comprender al Cliente:

- ¿Qué quiere lograr el Cliente en este paso?

- ¿Qué quiere saber el Cliente en este paso?

- ¿Qué puntos de contacto hay en este paso?

- ¿Cómo se siente el Cliente acerca de este paso?

- ¿En qué momento perdemos al Cliente en esta fase?

- ¿Quién o qué influye en el Cliente en esta fase?

Se puede crear una tabla a partir de las preguntas y los pasos, que puede servir de referencia. Es preferible usar imágenes o dibujos en lugar de sólo palabras clave, para así obtener una representación visual con mayor impacto.

Registro

Pero, ¿cómo se puede siquiera llevar un registro de las experiencias externas? La manera más sencilla es a través de los vídeos y las fotos, pero también se pueden usar las notas escritas a mano. Usted también puede utilizar la función de grabación de su teléfono móvil para realizar pequeñas entrevistas, que podrá resumir o transcribir posteriormente.

En la fase de observación es importante recopilar la mayor cantidad de información posible sin distorsionarla con preguntas intencionadas. Se debe ser tan realistas y honestos como sea posible.

Llevar **registro** puede no ser tan interesante como la propia observación, pero es muy importante para el proyecto. No importa cuán buena sea su memoria, seguramente habrá olvidado las observaciones para cuando regrese al taller. Lo mejor es decidir de antemano cómo se quiere procesar la información, si existe un formato digital o si debe ser escrita en papel. También puede hacer pequeñas fichas (ver ejemplos más abajo) que luego pueden facilitar la clasificación en una pared.

Trabajo de oficina

Puede haber empleados que no quieran salir. Pero no hay problema, porque también se puede saber lo que piensan los Clientes desde el escritorio. Aquí es donde entra en juego la **observación digital**. Como Cliente, intente averiguar qué piensan otros Clientes sobre su producto o servicio. Por supuesto, lo más fácil es volver a leer los comentarios en la página de Facebook, o buscar en el blog de la empresa y en otros canales sociales. Pero también puede buscar su producto en internet y comprobar si hay comentarios de algún tipo, si alguien ha escrito algo al respecto, o si hay comentarios en sí. Un lugar recomendable siguen siendo los **foros** antiguos, que son todavía muy populares, especialmente en Alemania. Elija foros que estén temáticamente relacionados con su producto.

En este proceso, es importante que sólo se observe. La tentación de responder a un comentario en el foro o en Facebook puede ser grande, pero ese no es su trabajo. Puede copiar el enlace y enviarlo al servicio de atención al Cliente si hay algún problema. Pero en este caso, Usted es como una ardilla en busca de nueces (información). ¡No trate de esconderla!.

Retomando el tema del turismo: Aquí se puede investigar a través de maravillosos blogs de viajes. Se puede leer en muchos diarios de viaje que los viajeros estaban encantados "de que sólo estuviéramos nosotros y los lugareños", o que se quejaban "porque había chinos en todas partes, y además los grupos americanos".

Análisis

En este momento, ya se tiene gran cantidad de información recopilada, y todo está en una carpeta digital o en físico, o de ambas formas. Ahora es el momento de comprender estos datos. Y para eso hay que sacarlos de la carpeta y colocarlos de manera visible. La mejor forma de hacerlo es utilizar una pared en la que se pueda pegar todo lo que se tenga en papel. Los vídeos y las grabaciones de audio se pueden visualizar con marcadores de posición y una pequeña descripción.

La mayoría de los equipos en el Design Thinking utilizan una pared o una pizarra grande porque hacen que la experiencia sea tangible, y el tener los objetos en físico suele estimular más la creatividad y ayuda a tener una imagen más clara de todo. También se pueden utilizar mapas mentales electrónicos, especialmente para proyectos más pequeños. En las reuniones de equipo es mejor usar un proyector para proyectar el mapa mental directamente en la pared.

Importante: La diversidad, el trabajo en equipo y el pensamiento creativo son necesarios en todas las fases del Design Thinking. Por esta razón, es importante que la clasificación del material de observación se realice entre todos.

El primer paso consiste simplemente en colocar todo en la pared. Se puede pensar en esto como cuando se desempaca una maleta luego de un viaje. Sólo se debe comenzar y observar en el suelo la ropa sucia, los recuerdos, la concha de mar y los cómodos pantalones de licra que utilizamos todos los días, pero que nunca nos pondremos aquí.

Así como se empieza a mirar la maleta vacía, separando las cosas según los recuerdos de las vacaciones y lo que regresa a ser parte de la vida cotidiana (neceseres, ropa, zapatos, secador de cabello), ahora también se comenzará a clasificar las observaciones recogidas.

Clasificación

Una vez que todo se haya vaciado y colocado en la pared de forma visible, se procede a clasificar. Las Insight Cards, recomendadas por la empresa americana IDEO, una de las empresas pioneras del Design Thinking, pueden ayudar en esta fase.[7]

A decir verdad, se trata sólo de fichas comunes, que deben ser organizadas de manera uniforme, como por ejemplo:

TÍTULO	
Descripción	
Fuente	

---

[7] Design Kit: Methods. URL: http://www.designkit.org/methods [Actualizado: 01-06-2018]

Utilizando el ejemplo de un fabricante textil, un esquema de excursión podría ser de la siguiente manera:

TÍTULO	Inscripciones sin sentido "Man Bike ATM"
Descripción	La gente usa camisetas con inscripciones que no tienen sentido como si fueran hechas accidentalmente.
Fuente	Observación a XX.XX. en la estación Y.

Si se realiza una búsqueda en línea, el esquema se vería así:

TÍTULO	El negro se decolora
Descripción	Los Clientes se quejan de que el color de la blusa negra decolora rápidamente
Fuente	http://abcdefg.com

En realidad, estos mapas o esquemas se pueden utilizar durante la fase de observación, pero también es ventajoso que las primeras observaciones sean lo más crudas posible, y luego se resuman en los mapas.

También se les pueden agregar fotos. En cuanto a las grabaciones, una tarjeta debe describir brevemente el contenido del vídeo.

Categorización

En este punto ya es un poco más fácil ver las distintas observaciones, y se procede a encontrar similitudes. Se recomienda que todos los miembros del equipo se paren frente a la pared y que todos puedan opinar sobre qué tarjetas pertenecen o tienen relación entre sí. También se pueden utilizar tiras de distintos colores para hacer la conexión de las tarjetas de forma más visual.

La pregunta más importante que Usted y su equipo deben hacerse al hacer la clasificación es: ¿Por qué? ¿Por qué a la gente le gustan las etiquetas graciosas? ¿Por qué está desapareciendo tal problema? (La respuesta puede ser obvia, pero, ¿por qué escriben en el foro y no directamente a su empresa?) Se debe tratar de averiguar qué motiva a los Clientes, y cuáles son sus necesidades.

Las palabras más comunes para utilizar en las búsquedas son:

- Conducta

- Deseos

- Sueños

- Realidad

- Necesidades

- Encargados

- Persona a contactar

En la literatura inglesa sobre Design Thinking se habla de usuarios, necesidades y percepciones que van todos de la mano. Lo que quiere decir que se parte del contenido de las tarjetas para identificar las necesidades específicas que tienen los distintos usuarios, tal y como se descubrió en las observaciones.

Importante: no se trata explícitamente de encontrar el mínimo común denominador. Por el contrario, el enfoque es poder comprender mejor las necesidades y hacerlas visibles, y saber que no hay sólo una necesidad entre todos los Clientes.

El objetivo es definir el Punto de Vista (Point of View, POV), que es una especie de micro-teoría sobre el área del problema y las necesidades de los usuarios. Para llegar hasta el POV, se debe pasar por varios sub-procesos: El equipo comienza con la narración de la información obtenida, es decir, los resultados de la investigación se comparten entre el equipo. Estas ideas se agrupan por temas para identificar las conexiones. Durante el proceso de síntesis, estas ideas se agrupan en un marco visual (como una matriz 2x2, un diagrama de Venn o un mapa mental) o se resume en una persona relacionada con el usuario (que puede ser un perfil de la persona, un viaje de Cliente o un escenario de uso). Luego, esto se transforma en el POV, que es una descripción generalmente verbalizada (a veces en forma de metáfora) del problema específico identificado y contiene una micro-teoría sobre las necesidades del Cliente.

Hay muchas maneras diferentes de ordenar algo, desde la clasificación cronológica, a la clasificación alfabética, a la clasificación de hechos. Pero es mejor si se encuentra un marco común para ciertas observaciones. Utilizando el ejemplo de los turistas, la observación podría ser:

"Se espera que los viajeros encuentren un paisaje prístino, no turistas."

Pero lo importante es lo que está detrás de esta afirmación: "los turistas quieren una experiencia auténtica y no otros turistas".

Ya se ha encontrado un problema y, en consecuencia, también posibles soluciones: Llevar a los turistas a lugares donde no haya otros turistas (lo que puede ser un poco difícil en París o en las Pirámides de Egipto, pero ese es el reto).

Si se trabaja con mapas mentales, no se tiene que crear una estructura vertical, pero sí se puede trabajar horizontalmente, lo que da más espacio para trabajar y obtener una mejor visión general. La fase de análisis consiste en identificar los problemas y las posibles soluciones o retos.

Con toda la información que el equipo ha recopilado, se puede proceder a hacer una pequeña sub-tarjeta para cada Insight Card. En esta tarjeta se debe tomar en cuenta:

- ¿Qué satisface lo observado?

- ¿Por qué satisface?

- ¿Qué es lo que no le gusta al observador?

- ¿Por qué no le gusta?

Pequeñas señales

Si bien no hay restricciones en el proceso de recopilación de información, puede ocurrir que algunos de los datos obtenidos no encajen en lo absoluto con el proyecto. Por ejemplo, cuando se trata de las expectativas de los turistas en su destino vacacional, las quejas sobre la comida del avión se encuentran en segundo o incluso tercer lugar.

Para asegurarse de que no se pierda información importante y que la recolección de datos esté completa, se pueden colocar pequeñas señalizaciones. Si se está trabajando en una pared grande, se puede pintar para resaltar los objetivos, pero también se pueden hacer pequeños carteles de cartón que señalicen la información en la pared. Por ejemplo, puede colocar:

→ Queremos ofrecer la mejor experiencia a nuestros huéspedes

→ Queremos abrir nuevos caminos en el turismo

→ Queremos establecer una mejor comunicación con nuestros Clientes

Estas reglas se basan, por un lado, en el propio proyecto (soluciones para las quejas de los Clientes) y, por otro, también se establecen a partir de los mismos datos. Lo ideal es que una persona del equipo revise las señalizaciones y, que de ser necesario, también las actualice.

Importante: A veces es difícil determinar si un dato es menos importante o un punto de vista extremista. Esto último es en realidad lo que se busca, así que siempre se debe analizar cautelosamente otra vez antes de poner una Insight Card en la pared.

Definición de necesidades

El equipo debería estar en este momento en un punto en el que todo se aclare y ya se pueda ver un poco de luz. Ahora se tiene una idea más concreta de lo que los Clientes quieren, cuál es el problema y qué oportunidades se ofrecen. Pero en muchos casos esto sigue siendo muy general y, sobre todo, no es realmente tangible.

Para comprender mejor si la información refleja realmente las necesidades de los Clientes, existen varios métodos, uno de los cuales es el método SPICE. Significa **Social, Physical[8], Identity, Communication and Emotional**. Este método describe un marco en el que se pueden identificar y presentar las necesidades de los Clientes. La tarea es descubrir las necesidades ocultas de los Clientes o usuarios, aquellas que no han podido ser satisfechas hasta el momento.

Un ejemplo son los refrigeradores: Son algo que todos tenemos en la cocina y que necesitamos siempre. Pero por lo general son feos, toscos y ocupan mucho

---

[8] Design Thinking: The Guidebook for Public Sector innovation in Bhutan. URL: http://www.rcsc.gov.bt/wp-content/uploads/2017/07/dt-guide-book-master-copy.pdf [Actualizado: 20-06-2018], p. 28

espacio.[9] Los compradores de refrigeradores no sólo quieren un artefacto práctico, sino también uno que satisfaga su deseo de tener una cocina bonita. Como parte de un proceso de Design Thinking, un fabricante de cocinas finalmente llegó a la conclusión de que los electrodomésticos de cocina se están considerando cada vez más un mueble como cualquier otro. Por eso les colocamos imanes o los usamos como porta-notas.

Así que la necesidad de los Clientes era: "quiero que la nevera se vea acorde al mobiliario general, porque valoro el hecho de que mi apartamento esté bien amueblado".

Sin embargo, SPICE también puede ayudar a entender a los Clientes y sus mayores necesidades. Estas necesidades suelen tener un sentido más general, como por ejemplo: "quiero ahorrar dinero" o "quiero vivir una vida saludable". También pueden ser comportamientos como "quiero estar solo" o "no me gusta estar solo", "me gustan los lugares que ya conozco" o "me gusta explorar cosas nuevas".

---

[9] Gullberg, G.; Widmark E.; Nyström, M.; Landström, A. (2006): DESIGN THINKING in BUSINESS INNOVATION

Estas necesidades suelen ser sociales ("valoro lo que piensan mis amigos"), emocionales ("me siento bien comiendo chocolate") o físicas ("el ejercicio me reduce el estrés").

Con el fin de recopilar los descubrimientos, tanto de la recolección de información como del análisis de las necesidades, éstos pueden ser visualizados. En este caso, una antigua técnica del marketing puede ayudar: el Personaje.

Personajes

Los personajes son ejemplos de Clientes ideales. Mientras que normalmente se intenta entender al Cliente al analizar los datos obtenidos, con los personajes se procede de otra manera. En primer lugar, hay que entender que no hay un solo tipo de Cliente o empleado. El hecho de que el 60% de los Clientes sean mujeres no significa que sólo tenga que producir para mujeres. Sólo porque al 40% le guste pedir fideos y al 20% arroz, no significa que sólo se deban hacer fideos. En vez de hacer eso, hay que tratar de representar mejor tanto al amigo del arroz como al de los fideos. Tomemos como ejemplo alguien que quiere mejorar la cafetería en la empresa. Cada vez son menos los empleados que utilizan la cafetería, y hay quejas sobre el menú que se ofrece. Se ha hablado con muchos empleados, el equipo de cocina y los Clientes, se ha buscado en la intranet de la empresa para obtener comentarios y el equipo ya ha creado un mapa o esquema completo con toda la información y las categorías encontradas. Esto también conduce a una guerra de acompañantes, entre otras cosas. Resulta que además de las fracciones de fideos y arroz, también hay una porción que prefiere patatas, y también los que buscan un bajo contenido de carbohidratos, que no quieren ningún acompañamiento. Pero también se obtiene que los consumidores de patatas y pasta son más propensos a cambiar que los consumidores de arroz. Por lo tanto, es importante también comprender mejor al consumidor de arroz.

Un personaje debe poder representar las necesidades del Cliente, su motivación y sus expectativas. En el marketing también se intenta utilizar muchos factores externos como el género, los ingresos, la educación, el poder adquisitivo, etc. Pero el Design Thinking se trata de los factores más sensibles.

Puede dar nombres a estas personas, como "Max" o "Rita", pero es mejor nombrarlas según una característica que los destaque o definidora, como "Comearroz".

Entonces un personaje es descrito según sus características que lo definen:

A Max le gusta comer arroz porque opina que el arroz es más saludable y tiene menos calorías. Quiere mantener su peso. También le resulta mejor no comer sólo el arroz. Max también come poca carne y le gusta ir a los mercados de agricultores. Pasa la mayor parte de sus vacaciones en Asia, donde hace ciclismo. Max trabaja en contabilidad.

Importante: los personajes son personas ficticias, ninguna de ellas existe realmente. Se crean como un ejemplo a partir de la información que a menudo representa los posibles extremos.

Lo ideal es tener de cuatro a siete personajes diferentes dependiendo del proyecto, pero esto no es una regla de oro y puede variar. Si se clasificó la información lo suficientemente bien, la mayoría de las veces la información dará el número de personajes. Pero siempre se debe discutir con el equipo quiénes pueden ser estos personajes.

Algunos talleres de Design Thinking explican que se puede crear un personaje como si fuera un pasaporte, con una foto, nombre y descripción. Esta es una buena manera de visualizar la persona, pero debe hacerse al final. Es mejor distinguir las diferentes personas por su comportamiento o deseos, y luego, en base a esto, construir un personaje ideal. En otras palabras, los personajes no distinguen edad y género, sino por qué hacen algo, o por qué les gusta hacer algo.

Ideación

El siguiente paso es probablemente el más importante en el Design Thinking, pero también es el más emocionante. El término Ideación viene de idea, y esto es exactamente de lo que estamos hablando aquí: Es el proceso de encontrar ideas. Cuando un diseñador quiere crear una nueva silla, primero observa cómo son otras sillas y habla con la gente sobre lo que quieren de una silla y cómo la usan. Algunos se sientan relajados recostados, otros incluso ponen un pie en alto, y otros necesitan apoyabrazos. Sólo después de esta fase, el diseñador puede sentarse en la mesa de trabajo y empezar a plasmar las ideas en papel.

En el Design Thinking ocurre de manera similar en otros procesos. En este momento se trata de resolver los problemas que se han identificado. Ahora se quiere ayudar a los personajes que se crearon. O para seguir con nuestro ejemplo: se trata de satisfacer a los amantes del arroz y de fideos en la cafetería, o de ofrecer a los turistas una experiencia más valiosa en su destino vacacional.

Lo que se recomienda ahora es regresar a los personajes, porque son los que representan el problema. Ahora es el momento de pensar en cómo puede resolver el problema. Anote las necesidades y pregunte cómo debe ser la solución. Por ejemplo:

¿Cómo podemos satisfacer el deseo de Max de tener más comida asiática y saludable?
¿Cómo podemos hacer que Max pruebe las patatas?

Estas ya son preguntas concretas y las respuestas deberían ser igual de concretas. Ahora, la mejor manera de hacerlo, otra vez, es usando un pizarrón o una pared en la que se coloquen todas las anotaciones.

Métodos de Brainstorming

Probablemente ya conozca un método conocido para encontrar ideas: el infalible y antiguo brainstorming. Este proceso también sucede aquí, pero con algunas características especiales. Por lo tanto, es importante que participe el mayor número posible de personas. La mayoría de los libros y talleres incluso requieren que los diseñadores estén presentes, porque de eso se trata la interacción entre diseñadores y analistas. Hoy en día hay industrias en las que no se diseña nada, pero en las que los servicios están muy bien desarrollados como productos.

Método triple

Se le da a cada participante una hoja de papel con tres columnas y tres filas. Cada participante puede escribir hasta tres ideas en la primera fila. Luego cada participante lee la hoja, y las ideas que ya están ahí deben ser desarrolladas y mejoradas.

Las filas y columnas pueden variar según el número de participantes. Todos deben saber que se trata de ideas que tienen que ver con la pregunta, pero también que pueden pensar libremente. A menudo las personas tienen una inhibición en sus mentes porque tienen miedo de hacer algo mal. Eso sería terrible en este proceso. Así que hay que tratar de animar a todos los participantes a presentar ideas descabelladas. Lo que no es posible, al final se solucionará de todos modos. Así que si cree que se puede ofrecer a los turistas una experiencia única en la que no vean a ningún otro turista mandándolos a la Luna, puede escribirlo. Tal vez otro participante haga algo más realista, como un simulador de la NASA o un viaje virtual a la Luna. Es importante que se hagan estas sugerencias.

Por otra parte, las hojas son sólo una forma de obtener ideas. Otra es tirarse al suelo: los participantes se dividen en grupos de cuatro y se coloca un papel muy grande (A1, A0 o más grande) en el suelo. Luego se les da una caja con fotos que muestran todo tipo de cosas, o una caja con diferentes figuras de juguetes. Por ejemplo, puede organizar los juguetes previamente, trayendo algunos para todos los que tienen hijos. También puede utilizar Legos u otros bloques de construcción. No se trata sólo de lo que estos objetos representan, sino de cómo de hacer asociaciones. Esto evita que todo el mundo mire una hoja de papel vacía y que no surjan ideas.

Si se quiere algo más formal, también se puede realizar reuniones de co-creación. Éstas son adecuadas principalmente para grupos más pequeños de hasta diez personas. Todos se sientan y se comienza dando pequeñas ideas que no necesariamente tienen algo que ver con el proyecto. Se trata de poner en marcha el cerebro.

Una pregunta simple es: ¿qué necesitamos para hornear un pastel? Allí habrá muchas sugerencias, porque casi todo el mundo puede contribuir con algo. Pero también podrá identificar a los participantes que están más callados y apoyarlos.

> **Importante:** algunos participantes rechazarán la ayuda y dirán que no son creativos. Pero cualquiera puede ser creativo, sólo que esta creatividad necesita ser llevada a una actividad dinámica.

En las sesiones de brainstorming, a menudo se comete el error de que un ejecutivo de la empresa las dirija. Esta no es una buena idea por razones de dinámica de grupo, porque los empleados piensan que están obligados a hacerlo bien. También es de poca ayuda decir que todo el mundo puede pensar libremente. Si el jefe de departamento quiere ser parte de un equipo, entonces debería ser parte de un equipo como todos los demás.

De hecho, el brainstorming no necesita un liderazgo real, sólo necesita a alguien que mire el reloj, reparta materiales y ayude en caso de que alguien (o un grupo entero) no progresa.

A veces también es mejor no llevar a cabo las sesiones de brainstorming en la misma empresa, sino afuera. Sin embargo, ésta no debería ser una sala de reuniones neutral y estéril, sino algo que inspire creatividad. Si el tiempo lo permite, también se puede simplemente ir a un campo o a un parque. Cuando hay mal clima, se puede usar un espacio de trabajo conjunto o una cafetería con mesas grandes. Si quiere pensar "fuera de la caja", también se debe estar, de ser posible, físicamente fuera de la caja.

SCAMPER

SCAMPER es una técnica de brainstorming que da muy buenos resultados, especialmente con objetos y productos en físico. Sus siglas significan:

S - Substitute (¿Qué se puede reemplazar?)

C - Combine (¿Qué puedo combinar con esto?)

A - Adapt (¿A qué me recuerda eso?)

M - Modify and Magnify (¿Cómo puedo hacer modificaciones?)

P - Put to other use (¿Qué más puedo hacer con esto?)

E - Eliminate (¿Qué haces sin el objeto? ¿Qué puedo sacar de esto?)

R - Reverse (¿Qué pasa si lo uso al contrario?)

Por lo general, a los participantes se les da un objeto, porque el brainstorming funciona mejor cuando se utilizan varios sentidos simultáneamente. Luego, puede escribir las siglas una debajo de la otra en un rotafolios, y los miembros del equipo pueden escribir sus ideas en la columna horizontal. Este método también genera un gran número de ideas, pero también tiene la ventaja de que ya están categorizadas.

Creando Inspiración Analógica

También se puede tomar las riendas de la situación cuando se trata de inventar un enfoque diferente. Así, por ejemplo, puede echar un vistazo a otras industrias y descubrir cómo resolvieron estos problemas. A menudo, sólo aprendemos de las empresas que hacen prácticamente lo mismo, en lugar de las que hacen algo completamente diferente pero se enfrentan a los mismos problemas.

La inspiración analógica funciona de forma muy sencilla:

Los miembros del equipo reciben informes de otras industrias y empresas que explican cómo se utiliza e implementa la innovación allí. Después de leer los estudios, los participantes deben escribir en trozos de papel las experiencias positivas que han tenido y colocarlos en una pared grande o una pizarra. También se pueden dar varias ideas por informe. Primero, todas las notas se pegan al azar. Cuando todos estén listos, las notas deben ser resumidas temáticamente.

Convergencia

Independientemente del método que se utilice, se debe intentar conseguir sobre todo muchas ideas diferentes. Las ideas descabelladas en particular son siempre bienvenidas, y las ideas no deben ser discutidas en el proceso de brainstorming. Incluso el siguiente paso, la convergencia, no tiene que ver con la calidad de la idea. Más bien, se trata de clasificar las ideas en áreas temáticas.

También en este caso, todos los miembros del equipo deben trabajar juntos. Se examinan las ideas en conjunto, y luego se deben hacer sugerencias, y que términos superiores podrían encajar en algunas ideas.

Digamos que se están buscando ideas para mejorar la cafetería. Se obtuvieron sugerencias como ordenar en línea, comida vegetariana, mesas y sillas de mayor calidad, arroz y fideos como acompañamiento, comida para llevar, talleres de cocina y mucho más.

Las áreas temáticas podrían verse así:

Menú - ¿Qué hay para comer?

Infraestructura - Mobiliario, mostrador, horario de apertura

Digitalización - Pedido online, sitio web con datos de calorías

Acciones - Cursos de cocina, semanas temáticas

Estas clasificaciones son el primer paso de la categorización, pero también pueden ser modificados. Además, la discusión sobre las áreas temáticas no debe durar demasiado tiempo y no debe tomar una dirección académica. Ayuda a regresar al problema básico una y otra vez. El ejemplo de la cafetería se refiere a la mejora de lo atractivo de la cafetería, es decir, a la atracción de más empleados a la cafetería.

Aquí viene la primera decisión difícil: se tienen que elegir algunas agrupaciones, las que parecen prometedoras. Éstas se utilizarán para el trabajo posterior. Pero, ¿cómo se sabe qué grupos son los correctos? No se sabe en lo absoluto. Eso es lo que hace que el Design Thinking sea tan atractivo. No se desechan los otros grupos, los deja en reposo. Si las áreas temáticas seleccionadas resultan no ser las correctas, simplemente se vuelve atrás y se prueba con las otras. Ese es el núcleo del Design Thinking: Que lo intente, lo pruebe y luego empiece de nuevo.

Ejemplo: Melina Costa, fundadora de la consultora de innovación Coaeva, fue contratada por la Fundación Adalbert Raps para diseñar un nuevo concepto innovador para los carniceros. Los carniceros tuvieron que afrontar un descenso considerable en las ventas, debido por una parte a la enfermedad de Creutzfeldt-Jakob, que podía ser transmitida por los cerebros del ganado, y por otra parte debido a los supermercados económicos. El oficio de carnicero es también un oficio muy tradicional y, por lo tanto, no es conocido por la innovación. En conversaciones con muchas empresas, resultó que las esposas de los carniceros a menudo cocinaban pequeños platos que los Clientes comían en la mesa del bar o incluso se llevaban a casa. Los estudiantes del Instituto Hasso Plattner que participaron en el proyecto tuvieron la idea de ofrecer loncheras, que debían contener un plato de carne, pero también algo para beber y quizás incluso un pequeño postre. Luego, varios carniceros hicieron prototipos. El resultado fue un desastre: Escalopes grasientos sobre panes empapados, una bebida de zumo de naranja y una rodaja de hanuta. Parecía como si los carniceros no entendían de qué se trataba, o no tenían ganas de colaborar. Y de hecho, este último fue el caso. No querían innovación, sólo querían una apreciación de la artesanía de su oficio. Volvieron a la fase de observación y añadieron a los propios carniceros como un grupo cuyas necesidades debían ser observadas. Como resultado, el problema ya no se llamaba "cómo modernizar una empresa", sino "cómo sigue siendo relevante el oficio del carnicero". Al final, se creó el proyecto de la caza de la trufa, en el que los carniceros visitaron las empresas especialmente innovadoras y explicaron por sí mismos lo que hacían de forma diferente. A muchos se les dieron ideas que ellos mismos implementaron, pero lo que más se notó fue que los carniceros "volvieron a estar orgullosos de ser carniceros".

Con este ejemplo se busca ilustrar que un proceso de Design Thinking no es lineal, y que normalmente sólo se nota en el final de la fase de ideación o en la fase de prototipo que se está en el camino equivocado.

Una vez que se hayan encontrado las áreas temáticas, se deben seleccionar las ideas. Aquí, las otras ideas se mantienen de igual manera, porque es posible que aún puedan ser utilizadas más adelante (y algunos post-it extra no ocupan mucho espacio).

Votación

Debido a que probablemente todavía hay muchas ideas en las áreas temáticas, puede llevar mucho tiempo discutir cuáles de ellas deben ser desarrolladas más a fondo. El método más simple es la eficiente y antigua votación. Todos tienen un voto y las ideas con más votos ganan. También es bueno intentarlo con un equipo pequeño, porque al final se trata de tomar una decisión en esta fase. Si esto es correcto o incorrecto entonces se hará evidente, y en realidad no hay decisiones correctas o incorrectas en el Design Thinking. La misión es resolver un problema, no escribir un trabajo académico sobre diferentes enfoques.

No sólo hay que seguir desarrollando la idea ganadora, sino que también se puede, dependiendo del alcance de las ideas, llevar varias sugerencias a la siguiente fase. Normalmente ésta es la mejor manera, porque pueden aprender unos de otros al realizar varias ideas y ahorrar tiempo. Por supuesto, no hay una sola solución para un problema, sino muchas diferentes soluciones que se pueden implementar de forma rápida y sencilla.

También se puede clasificar el voto creando tres categorías en las que cada una tiene un voto. Se puede utilizar esto como ejemplo: la idea más fácil de implementar, la más adecuada y la más descabellada. Esto garantiza que no sólo se sea mediocre, sino que también se sigan aplicando enfoques excepcionales.

Creación de prototipos

Una idea no tiene mayor valor si sólo está escrita en papel. Únicamente si se es consciente, se puede ver si realmente la idea puede resolver el problema identificado, o si no funciona en lo absoluto. Un prototipo es la visualización de una idea. Pero ésto dependerá en gran medida de cómo se puede implementar un prototipo en cada proyecto particular. Las ideas más simples son siempre aquellas que de alguna manera pueden hacerse físicamente visibles. Cuando se trata de establecer la sede de la empresa, se puede trabajar con cajas de zapatos y muebles de casas de muñecas para definir ciertas áreas. Por ejemplo, en la nueva sede de Apple, distribuyeron deliberadamente unos cuantos sanitarios en el edificio circular para obligar a los empleados a caminar por los pasillos y conocer a otros empleados que de otro modo no podrían conocer. Esto se puede hacer visible en un prototipo. En el ejemplo de la cafetería, se puede cocinar un plato vegetariano, o construir un sitio para salir del paso que contenga los elementos esenciales de la idea para ordenar en línea.

La mayoría de los prototipos tienen diferentes grados de realización o abstracción, por eso hablamos de prototipos abstractos y concretos.

En el caso de los prototipos abstractos, la implementación de la idea suele representarse como un concepto. En el caso de los prototipos concretos, se construye un modelo.

Prototipos abstractos

Para convertir una idea en un concepto, se necesita un poco más de enfoque. La base del brainstorming se va reduciendo. El concepto debe explicar claramente y sin ambigüedades cómo deben resolverse las necesidades del Cliente y qué ventajas obtendrá al resolver el problema.

Se puede volver a analizar el personaje o, si aún no se ha hecho, intentar comprender la experiencia del Cliente para ver dónde puede empezar a mejorar el concepto.

Preséntese con el Cliente y piense en cómo y cuándo entrará en contacto con su producto o servicio. Esto es similar a los viajes de los Clientes, pero ahora no hay mucha observación. Se asume el papel de la persona y se trata de sentir empatía con sus necesidades.

En el ejemplo de la cafetería, la experiencia del Cliente empieza en el trabajo cuando se pregunta qué quiere almorzar. El siguiente paso es el sitio web de la cafetería. Entonces el Cliente va a la cantina y se le da una bandeja. ¿Cuál es la experiencia en el camino hacia el objetivo? ¿Cuándo y dónde ve el menú del día? ¿Cómo y dónde puede encontrar una mesa libre?

Trate de imaginar todos estos pasos, escríbalos y piense dónde puede empezar a desarrollar su idea. Recuerde el ejemplo de los turistas que no quieren ver a otros turistas. Supongamos que una idea es ofrecerles, después de haber reservado su viaje y el hotel, una excursión extra donde puedan explorar las zonas vírgenes y los alrededores de la ciudad a la que viajan. ¿Cuándo es el mejor momento para ofrecerles esto? ¿Cuándo reservar su viaje? ¿O se les envían los documentos de viaje? ¿O cuando hayan aterrizado? ¿O después de registrarse en el hotel?

En la mayoría de los casos, el problema no surgirá hasta que los turistas se hayan registrado y visitado la zona. Tal vez no sepan lo abarrotado que estará el lugar hasta el día siguiente. Este es el mejor momento para ponerse en contacto con ellos y hacerles una oferta para el viaje.

Si Usted quería venderles el viaje en el momento de la reservación, ellos podrían verlo como una táctica agresiva de ventas. Una excepción, sin embargo, sería cuando se trata de dirigirse a Clientes experimentados como grupo objetivo. Ellos ya tienen el problema en el momento de la reserva, por lo que puede hacerles la oferta de la excursión exactamente en este punto.

Este proceso puede sonar banal, y es obvio para algunos expertos en marketing incluso sin más explicaciones. Pero este el caso, porque después de haber entendido a las personas y sus experiencias, por supuesto que siempre se estará más preparado. En otras palabras, si el departamento de marketing supiera todo esto, no tendría que hacer un taller de Design Thinking.

No se harán inventos revolucionarios con el Design Thinking, y muchas de las ideas son parecidas y ya existen de forma similar. Pero ese no es el punto. Se trata de encontrar ideas que resuelvan un problema. No hay que olvidar eso. El Design Thinking no es un concurso de ideas, sino un método para resolver los problemas de los Clientes.

Una vez que se conozca cuál es la idea que mejor se ajusta a la experiencia del Cliente, se puede empezar a formular el concepto. Ésto puede ser una descripción de las excursiones en el ejemplo del turismo y el proceso de cómo presentárselas a los Clientes (¿directamente en el hotel o por correo electrónico?), en el ejemplo de la cafetería puede ser el diseño aproximado de un sitio intranet.

Prototipos concretos

Si su proyecto se trata de desarrollar un producto, se debe visualizar tanto como sea posible. Sin embargo, esto no significa que tenga que terminar el producto perfectamente desde el principio.

> **Ejemplo:** Un banco quería saber cómo podían mejorar sus cajeros automáticos. Descubrieron que los Clientes primero perciben la máquina como una máquina, luego como una interfaz y como una habitación. Así que el poder escuchar el ruido del rodillo dispensador de billetes tuvo un rol importante, porque los Clientes siempre tienen miedo de estar haciendo algo mal, y por lo tanto, no recibirán el dinero. Tan pronto como oyeron el ruido, se sintieron aliviados. Así que con el prototipo era importante evitar apagar el ruido de los cascabeles, aunque no parezca de alta tecnología en absoluto. En el taller de Design Thinking, los cajeros automáticos se construyeron con cartón, el sonajero se simuló con un motor de coche de juguete. Pero también construyeron algunos sin el ruido correspondiente para comprobar si esto era realmente importante.

Resultó que ya en el modelo de cartón los Clientes sentían que algo faltaba.

Un método era construir un marco de cartón, y un miembro del equipo simplemente "jugaba" al cajero automático, mientras que otro hacía el papel del Cliente.

Otro ejemplo útil es el desarrollo de cepillos de dientes para niños. IDEO había investigado el tema y descubrió que los niños sostienen los cepillos de dientes de manera diferente a los adultos. Todavía no tienen una motricidad fina pronunciada, y como un tenedor o una cuchara, se aferran al cepillo de dientes con toda la mano. Como prototipo, simplemente envolvieron papel alrededor de un cepillo de dientes normal y descubrieron que esto era suficiente para que los niños pudieran cepillarse los dientes con mayor facilidad. El cepillo de dientes infantil desarrollado a partir de este prototipo fue el cepillo de dientes más vendido en los EE.UU., y casi todos los fabricantes de cepillos de dientes han copiado este concepto.[10]

---

[10] Lanoue, S. (2015): IDEO's 6 Step Human-Centered Design Process: How to Make Things People Want. URL:
https://www.usertesting.com/blog/2015/07/09/how-ideo-uses-customer-insights-to-design-innovative-products-users-love/ [Actualizado: 10-05-2018]

Los fundadores de IDEO son conocidos por utilizar cartón y materiales sencillos para construir prototipos. Y su éxito se puede ver en los productos que ayudaron a desarrollar, incluyendo el primer ratón de ordenador para Apple, el Palm Pilot y una ballena mecánica para la película "Free Willy".

Con un prototipo, es importante no hacerlo demasiado complicado. El lema de IDEO es: "¿Cómo puedo hacer algo en un mínimo de tiempo, para obtener retroalimentación de los usuarios lo más rápido posible?"

¿El usuario ya debería estar involucrado en el prototipo?

En cuanto a si los usuarios también deben formar parte del equipo, o si al menos pueden ayudar a desarrollar el prototipo, hay muchas opiniones diferentes. Algunos piensan que el proceso de Design Thinking está orientado al usuario, pero no lo involucra. Otros dicen que el Cliente no puede participar lo suficientemente pronto. Lo mejor es probablemente un término medio. Al principio, probablemente sería más perjudicial que los Clientes hicieran comentarios constantemente mientras observan. Especialmente con proyectos dentro de una empresa, esto puede ser realmente molesto. Pero no hay razón para que los usuarios no se involucren desde la fase de desarrollo del prototipo. Dado que son necesarios para las pruebas de todos modos, Usted puede integrarlos incluso un poco antes. Lo único importante aquí es no formar un grupo de prueba todavía.

Pruebas

Cuando el primer prototipo esté listo, el siguiente paso es probarlo. Cuanto antes se pueda probar, mejor. No se trata de ver si un prototipo funciona, sino de cómo el Cliente percibe la idea. En primer lugar, Usted quiere obtener una retroalimentación sencilla. Suponiendo que IDEO hubiera construido el prototipo del cepillo de dientes de los niños con una madera cuadrada, los niños probablemente habrían dicho que duele agarrarlo. Con un modelo de cajero automático que no haga ruido cuando se emite el dinero, eso también se notaría. Con una página web de cafetería, la primera impresión sería: "¿Dónde está el plato del día? "

Grupos de prueba

Una de las tareas difíciles del Design Thinking es encontrar grupos de prueba adecuados. Los miembros del equipo desertan porque están demasiado involucrados en el proceso. Si se supone que el proyecto debe resolver un problema que existe dentro de la empresa, entonces es mejor seleccionar a los empleados que están directamente afectados. En lo posible, trate de tener la mayor variedad en un grupo, en vez de un grupo muy grande. Primero, se quiere escuchar muchas opiniones diferentes, y lo último que se desea es que alguien le dé palmaditas en la espalda en forma de apoyo.

Si los Clientes son los usuarios del prototipo, entonces puede proceder con los grupos focales e invitar a los Clientes a un pequeño taller. Normalmente no basta con sentarse en un círculo con ellos y mostrarles el prototipo. Algunos expertos en pensamiento de diseño incluso dicen que las pruebas adecuadas y el proceso asociado son cruciales para el resultado final.

Por lo tanto, debe pensar detenidamente sobre lo que desea mostrar y cómo lo utilizarán los usuarios. Si ha desarrollado un prototipo sencillo, intente hacer varias copias a la vez para que los participantes del taller no tengan que esperar. Al principio de la prueba debe explicar de qué se trata el proyecto, qué aprendió en las fases de observación, qué problema identificó y cómo quiere resolverlo. Esta no debe ser una presentación en PowerPoint de una hora, sino sólo una breve introducción al taller. Cuanto más interactivo sea el prototipo, mejor. No importa si el modelo de cartón se cae a pedazos. Las primeras pruebas se refieren a la idea básica.

La tarea de todo el equipo durante las pruebas es escuchar atentamente y, sobre todo, tomar muchas notas. Especialmente al principio, un proceso formal con cuestionarios sería un obstáculo, por lo que es necesario anotar los comentarios. Teóricamente, el taller también puede ser grabado en video, pero algunos Clientes se molestan por las cámaras, y al final alguien tiene que escribir lo que se dice, de todos modos.

Las notas deben ser asignadas primero a los Clientes, pero luego divididas en áreas temáticas. Ahora ya no se trata de encontrar nuevas ideas, sino de ver cómo se puede mejorar el producto o prototipo.

> **Importante:** Fracasar también forma parte de las pruebas. Esta es la única manera de mejorar el prototipo. Sin embargo, hay excepciones en las que el prototipo falla en toda su duración, de tal manera que todo el proyecto puede ser cuestionado. Esto puede suceder, pero la gran ventaja del Design Thinking es que puede descubrir la falla muy pronto y ahorrar así muchos gastos de desarrollo.

Vivir con el usuario

La fase de prueba es otra fase de empatía, porque hay que entender de nuevo cómo se siente el usuario o Cliente, cómo piensa, cómo entiende y cómo utiliza el producto. Las pruebas no se refieren a si al grupo objetivo le gusta el producto o no. Se trata de saber por qué les gusta, o por qué no. O mejor aún: lo que les gusta y lo que no les gusta, y por qué.

Esto también incluye hacer que el prototipo sea realmente probado. Si tiene preguntas, puede contestarlas, pero por lo demás debería ver cómo se tratan y, sobre todo, hacer preguntas sobre sentimientos y sensibilidades. Especialmente con los productos que se pueden manejar, estos enfoques emocionales juegan un papel más importante que la funcionalidad real.

Lo que debe evitarse es algo que explicar durante la prueba. Si alguien abre la lonchera nueva al revés, es probable que haya un defecto de diseño, de lo contrario no ocurriría. Al menos se debe dejar que estas cosas sucedan, incluso si está rota. Por eso se construyó un prototipo barato.

Si el tiempo y el tamaño del equipo lo permiten, pueden darse a los usuarios varios prototipos para resolver el problema, y luego hacer que comparen. Esto funciona especialmente bien con prototipos abstractos: Aquí se pueden cambiar muy fácilmente los colores o el arreglo en un sitio web, o sólo tres o cuatro versiones diferentes para elegir. Esto se utiliza a menudo con una nueva aplicación, que luego se envía a los usuarios de prueba. Aquí los grupos de prueba están divididos en su mayoría, donde el grupo A obtiene la versión Beta 1, y el grupo B la versión Beta 2, y así sucesivamente.

Pruebas digitales

Cuando el producto o servicio es digital, también se pueden recopilar muchos datos útiles. Especialmente cuando se trata de funcionalidad, se pueden enviar rápidamente nuevos prototipos y hacer que se vuelvan a probar. También se pueden utilizar los datos para ver cómo se utiliza una aplicación, qué páginas de un sitio web tienen más entradas, cómo y si se realiza una compra de prueba. Pero para los productos digitales se debe definir un proceso de prueba exacto. Esto también incluye los datos que deben registrarse y evaluarse. Esos datos pueden ser:

- Tiempo de permanencia en la aplicación

- Tiempo de espera por página

- ¿Cuántas interacciones se hicieron?

- ¿Cuántas veces al día/semana se utilizó la aplicación/página?

- ¿Cuándo se envió la retroalimentación (después de una prueba completa o entre una prueba y otra)?

- ¿Qué funciones se intentaron y cuáles no?

A pesar de la cantidad de datos que puedan recopilarse, también se debe intentar mantener conversaciones reales con los Clientes de productos digitales. Ciertamente hay algunos usuarios del entorno que Usted puede invitar (una pista: que no sean amigos, ni familia, ni colegas). Incluso una sola hora con personas reales puede a veces ser más útil que una semana de pruebas digitales.

Búsqueda y comprensión de errores

Después de la primera ronda de pruebas se habrán recibido muchos comentarios. Estos tienen que ser organizados y comprendidos. En la mayoría de los casos habrá tres categorías principales:

- Errores funcionales

- Errores que sólo resuelven parcialmente el problema

- Errores en la comprensión del problema

Con los errores funcionales se puede distinguir entre aquellos causados por la funcionalidad limitada de un prototipo (que todavía se tiene que arreglar), y aquellos que funcionalmente dificultan la resolución de problemas. Con un cepillo de dientes eléctrico, por ejemplo, éste sería un botón de encendido/apagado que, por estar en el lugar equivocado, se presiona accidentalmente.

También es posible que un problema se resuelva sólo parcialmente. En el caso de los cajeros automáticos, por ejemplo, se han mejorado los ángulos de las pantallas para que sean fáciles de leer incluso cuando la luz del sol cambia. Sin embargo, esto significaba que las personas de otra estatura tenían dificultades para leer la pantalla. Nadie en el grupo de desarrollo había sido lo suficientemente alto, así que el problema no surgió hasta que se probó el prototipo (se había utilizado un iPad para la demostración).

Si hay errores en la comprensión del problema, entonces esto se notará rápidamente en el prototipo. Y esto sucede muy a menudo. Principalmente, la razón suele ser que no se haya observado y aprendido lo suficiente, y se ha tomado un problema que puede que ni siquiera exista. Eso fue lo que pasó con Coca-Cola, por ejemplo. En 1985, surgió la idea de tener que cambiar la composición y sacar al mercado la nueva Coca-Cola. Nadie lo había pedido y, por lo tanto, nadie quería este nuevo producto. La compañía se retiró. Por cierto, Pepsi tuvo un desastre similar con la Crystal Pepsi. Una y otra vez las grandes empresas han desarrollado productos hasta la fase final, sólo para descubrir que a los Clientes no les gustan. La Tableta Newton de Apple ni siquiera le gustaba a Steve Jobs (sobre todo porque tenía un lápiz táctil que odiaba), y los vehículos Segway hoy en día sólo se encuentran en los servicios de seguridad de los centros comerciales y Spas.

Una vez que los errores han sido encontrados y categorizados, se trata de mejorarlos. Dependiendo del problema, pueden ser mejoras funcionales o conceptuales. También puede ocurrir que se necesite más o mejores ideas porque ninguno de los prototipos es realmente convincente para los Clientes. Esa es la importancia del proceso del Design Thinking. Es un ciclo que se puede iniciar una y otra vez en cualquier momento.

Así que, en el segundo intento se deben hacer dos preguntas:

¿Cómo podemos resolver el problema de mejor manera?

¿Cómo podemos mejorar los errores conocidos?

Tiene sentido que el centro del problema esté incluso antes del error. Es un recordatorio de que todavía se trata de resolver el problema, no sólo de mejorar el prototipo. Y a veces puede llegar inspiración durante el proceso de mejora de errores. En Asia, los programadores de una aplicación que transporta personas con Rickshaws, similares a los de Uber, habían estado buscando ideas para mejorar la experiencia de los Clientes. Querían destacarse sobre la competencia y programaron aplicaciones como prototipos para encargar un mototaxi. Una idea era conseguir el precio aproximado, una foto del conductor y un SMS si el taxi estaba cerca del punto de encuentro. Los usuarios lo probaron, y básicamente estaban encantados. Una mujer escribió: "El conductor fue muy amable y esperó a que yo estuviera realmente en la casa". Eso fue sólo una retroalimentación, ni siquiera un error. Pero el potencial fue reconocido inmediatamente, y a partir de ahora se les dijo a todos los conductores que esperaran después de las 10 pm a los Clientes hasta ver que hayan entrado a salvo sus casas. Y, por supuesto, esto también se recibió como un servicio especial en la aplicación.

Visualizar con Storyboards

Después de terminar las primeras pruebas y de haber modificado los prototipos, puede ser útil trabajar con un storyboard en la siguiente fase. El término en realidad proviene de una película, donde un guión se divide en diferentes historias. Luego se dibujan como en un cómic. Esta visualización da al actor y al camarógrafo una primera impresión de cómo debería ser la escena, pero también es útil para comprobar la continuidad de lo que se ha hecho hasta el momento.

Los storyboards en el Design Thinking son similares, pero tienen un guión diferente. La persona que es el centro de atención es, por supuesto, el personaje. El guión gráfico cuenta la historia de la persona y cómo su idea la ayudará. Como toda historia, tiene un principio, un desarrollo y un final.

Comienza con el personaje, que se introduce a la historia con sus necesidades y deseos. En el desarrollo se describe primero el entorno en el que se desarrolla la historia, las necesidades profundas de la persona, su dolor y sufrimiento, así como los puntos de contacto. Luego se presentan las soluciones y al final de la historia, todos están contentos.

Un ejemplo ficticio de este tipo de storyboard podría ser:

Inicio

Se trata de Helga, de 62 años, empleada de la administración municipal, madre de dos hijos, viuda, dueña de un gato, que canta en el coro de la iglesia evangélica el fin de semana. Es Cliente de un banco, pero no se atreve a utilizar los cajeros automáticos porque les tiene miedo. Así que para que le paguen, siempre tiene que ir a una sucursal del banco y esperar a que abra.

Desarrollo

Helga hace la cola del supermercado y descubre que no tiene suficiente dinero en su cartera. Ayer llegó tarde al banco y ahora tiene que devolver el detergente. La vendedora le pregunta por qué no quiere pagar con su tarjeta. Ella dice que no puede recordar el número PIN y que no debe anotarlo.

Solución

Los talleres de Design Thinking habían discutido previamente el problema y encontraron que olvidar el PIN sigue siendo un gran problema para muchos, especialmente para los Clientes de mayor edad. Por eso se desarrolló un sistema que, diferente al uso de números, convertía los números en imágenes, por ejemplo el 2 era un cisne y el 8 un pretzel, el 1 un palo y el 0 un huevo. Debido a que podemos recordar mejor las imágenes que los números, el PIN 2810 en este caso sería un cisne comiendo un pretzel, caminando sobre un palo y poniendo un huevo. Estas imágenes no tienen que tener sentido, lo que realmente importa es el orden.

A la Cliente se le ofreció esta solución, y ella creó su propia imagen. Para no olvidar el cuadro, lo pintó y lo puso en su cartera. Como no era el PIN, sino sólo una foto en el papel, ya no temía que un extraño pudiera usarlo.

Final

Con el pequeño trozo de papel pudo comenzar a usar los cajeros automáticos incluso fuera de las horas de apertura de los bancos, y el último caso muestra cómo paga con su tarjeta en el supermercado.

Implementación

Después de varias series de pruebas y ajustes, habrá llegado el momento en que el prototipo o el concepto de la idea deba convertirse en algo que realmente pueda ser implementado, algo tangible. Si hay varios conceptos y prototipos, ahora es el momento de decidirse por uno o dos.

Algunos usuarios del Design Thinking dan el proceso por terminado cuando se ha desarrollado un prototipo o concepto que resuelve satisfactoriamente el problema. Esto se debe a que el Design Thinking es visto como una manera de producir ideas para resolver un problema, no para resolver el problema en sí. Eso también es cierto, la idea está a la vanguardia, pero también se puede argumentar que el proceso creativo continúa en la implementación. Algunos problemas sólo pueden surgir durante la implementación. Un ejemplo es la empresa Tesla: el fundador Elon Musk ha probado y planificado gran cantidad de veces, pero se sorprendió de la diferencia entre querer construir 10 coches o 10.000. Especialmente la escala de una producción no es lineal, pero a menudo hay curvas muy variantes. En principio, la fase de implementación es otro pequeño

bucle en el Design Thinking que se basa en la misma
metodología, excepto que en este caso los Clientes son
los interesados y hay que encontrar ideas para
convencerlos.

Para implementar una nueva idea, primero se debe
considerar si puede encajar en las estructuras
existentes y cómo. ¿Es la cafetería capaz de cocinar
platos nuevos y saludables? ¿Se pueden modificar los
cajeros automáticos? ¿Qué necesita la empresa u
organización para implementar la idea?

Las dos grandes preguntas que deben hacerse en la
implementación son:

¿Cómo puedo integrar la idea en la implementación?
¿Qué resistencias se pueden esperar de los Clientes?
Debido a que la mayoría de los procesos tienen que ver
con el cambio de los procesos existentes, la gestión de
cambios entra en juego aquí. Primero, hay que
entender cómo son los procesos actuales, luego
encontrar una manera de implementar la idea, y
posteriormente probar si el proceso nuevo o
modificado funciona.

Un ejemplo: el Ferrocarril Federal Austriaco utilizó el Design Thinking para mejorar la experiencia del Cliente. Los baños fueron un problema principal en las encuestas. Parecían baños del Metro, aburridos, sucios y feos. Especialmente la combinación de lavabos de acero y paredes grises hizo que los baños fueran lugares muy desolados. La idea que surgió fue: Fondos de pantalla con fotos que mostraran un bosque, y un spray aromático. La ventaja de la idea era que se podía aplicar rápidamente a partir del prototipo. Primero se equipó un baño y luego, gradualmente, todos los trenes se pudieron rediseñar sin grandes retrasos, ya que los papeles pintados de las fotos se cortaron con el tamaño de las paredes estandarizadas de los baños y, por lo tanto, se pudieron colocar rápidamente.[11]

Para implementar una idea, primero hay que hacer un análisis de las partes interesadas. ¿A quiénes afecta la implementación? En la mayoría de los casos, se trata de muchas más personas y roles de lo que se pudo haber

---

[11] VIENNA ONLINE (2014): Duftende WCs und Fototapeten in 250 ÖBB-Nahverkehrszügen. URL: http://www.vienna.at/duftende-wcs-und-fototapeten-in-250-oebb-nahverkehrszuegen/4122563 [Actualizado: 28-04-2018]

pensado al principio. He aquí una lista de las partes interesadas usuales:

- Jefes de departamento
- Clientes vinculados
- Organismos
- Departamento de contabilidad
- Legisladores
- Colaboradores
- Clientela
- Mercadotecnia
- Competencia
- Clientes potenciales
- Desarrollo de productos
- Proveedores

Esto es sólo una parte, porque especialmente en una empresa siempre puede haber ciertos empleados que se oponen a las nuevas ideas. Si ha nombrado a todas las partes interesadas, puede iniciar un Análisis de Campo de Fuerzas y anotar cuáles de ellas son las fuerzas motrices y cuáles son las fuerzas que más obstaculizan.

El siguiente paso es desarrollar estrategias, apoyar a las fuerzas motrices y convencer a las fuerzas que obstaculizan la idea en la medida de lo posible. No tiene mucho sentido dar a los empleados libertad de pensamiento para el desarrollo de ideas y, apenas llegue el momento de la implementación, ponerlas en práctica como orden del jefe. Cuantas más partes interesadas colaboren, mejor.

Un método es mostrar el antes y el después del proyecto. En este caso, los prototipos pueden volver a entrar en juego, en la medida en que se ofrezca una imagen mejor que la situación real. Cuanto más visuales sean estas comparaciones, más convincentes serán. Dentro de una empresa también se pueden hacer talleres que se ocupen de la implementación de la idea. Si es de ayuda, también se pueden usar storyboards de nuevo.

Importante: Un taller y la búsqueda de ideas pueden haber sido tan positivos y creativos, que al final siempre puede haber alguien que resulte ofendido porque su propia idea no fue implementada. A veces incluso los mejores intentos de co-creación no ayudan. Esas personas pueden ser grandes obstáculos en la implementación de las ideas. Hay que intentar identificarlos y desarrollar estrategias, ya sea para que vuelvan a formar parte del equipo o para reducir su influencia.

Si se sabe quiénes son las partes interesadas, qué resistencia puede haber y cómo puede resolverse en caso de ser necesario, entonces ya se tiene la mayoría del plan, es decir, los recursos estratégicos que se necesitan. La mejor manera de hacer esto es usar una tabla:

	Idea 1	Idea 2
Descripción de la idea		
¿Cuáles son los recursos y las habilidades necesarias para implementarlo?		

¿Qué recursos y habilidades existen?		
¿Cuáles son las brechas?		
¿Cómo se pueden cerrar las brechas?		

En la mayoría de los casos, el problema es encontrar la variedad adecuada de personas y recursos técnicos. Cuando se trata de buscar a los empleados para implementar comida asiática en la cafetería, alguien tiene que cocinar el almuerzo. En el tren, no se pueden cerrar todos los baños al mismo tiempo, pero hay que planificar cómo hacerlo ordenadamente.

Cuanto más grande sea una idea, y más componentes técnicos tenga, más difícil será de implementar. Esto no pretende hacer obsoleta la idea, sino mostrar que hay que pensar mucho si, por ejemplo, se quiere cambiar las pantallas de todos los cajeros automáticos.

Un ejemplo de cómo se puede hacer todo en el menor tiempo posible, si hay buena planificación, fue el cambio al Euro. En este caso, la idea de una nueva moneda tuvo que ser implementada en pocos días, en algunos casos en una noche. La idea era convertir los cajeros automáticos, pero también todos los otros tipos de máquinas que procesan dinero, como las máquinas de cigarrillos, las máquinas expendedoras de billetes y las máquinas de juegos. Esto es sólo una muestra de que se pueden llevar a cabo con éxito proyectos muy ambiciosos (al menos en lo que respecta a la parte técnica).

Costos

Los costos representan un tema que normalmente se deja fuera de la discusión cuando se trata de prototipos y del proceso del Design Thinking. Esto se debe a que pensar en el dinero es inhibidor de la creatividad. Si se supone que hay que crear ideas, pero una de cada dos ideas es descartada por ser demasiado costosa, entonces el proceso no es muy divertido y difícilmente producirá buenos resultados.

El Design Thinking se trata de conseguir una solución rápida a un problema con un presupuesto pequeño. No se trata tanto de conseguir una solución barata (a menos que se establezca como parámetro al principio del proyecto, pero incluso entonces debería ser "lo más barata posible" en lugar de una cantidad fija).

En la fase de implementación, sin embargo, será una cuestión de dinero. Por lo tanto, ya debería incluirse un análisis de costos en la descripción de la idea:

- ¿Cuánto cuestan los productos (nuevos alimentos, nuevas pantallas, papel tapiz fotográfico, etc.)?

- ¿Cuáles son los costos de personal?

- ¿Qué otros costos surgen?

- ¿En qué costos se incurre debido a la pérdida de producción durante la implementación?

El objetivo del análisis de costos no es destruir la idea, sino encontrar formas (y fondos) para implementarla. El Design Thinking también se puede utilizar en esta etapa si el presupuesto no es suficiente, ya que esto es un problema y hay que encontrarle una solución.

Síntesis

Frecuentemente se utilizan nuevos métodos sólo porque son nuevos y uno piensa que tienen una solución para todo. Especialmente hoy en día, cuando la presión para que las empresas innoven es mucho mayor que nunca, los pisos ejecutivos y los desarrolladores de productos buscar implementar cualquier cosa que prometa una solución. Pero el Design Thinking no es un proceso de solución. No ofrece una solución, pero produce ideas para llegar a una solución. La implementación de estas necesidades requiere un proceso de toma de decisiones diferente al de la búsqueda de ideas.

Uno de los mayores errores cometidos en un proceso de Design Thinking es la decisión de esperar que esto sea una solución mágica. Pero eso es fundamentalmente incorrecto. En el último capítulo se ha visto que son las partes interesadas las que toman la decisión, y tiene que ser así. El Equipo de Diseño y Pensamiento es sólo un colaborador que prepara la decisión. Los líderes de proyectos que no quieren asumir la responsabilidad (y los altos directivos que no tienen buenas ideas y luego forman un equipo para conseguir ideas) a menudo quieren tener un culpable si algo sale mal. Pero también son los primeros en señalar que era su proyecto.

Si, por otro lado, se ve el Design Thinking como un proceso para impulsar la innovación de forma rápida y económica, entonces se divertirán mucho con él. Una de las razones por las que a los equipos les gusta hacer Design Thinking es porque es muy análogo. Muchas de las fases funcionan mejor con papel y bolígrafo. Incluso con procesos de software, las distintas páginas del software se pintan primero en papel.

Se puede sacar más provecho si todos sus sentidos están involucrados. De esa forma se pueden hacer más asociaciones. Incluso si sale y observa, siente y huele el entorno en el que se encuentran sus Clientes, los entenderá mejor que si intentara hacerlo basándose en los datos de su sistema CRM. ¡Y Usted y su equipo producirán grandes ideas!

Sinceramente,
Kilian Langenfeld

Aviso legal e imprenta

La obra, incluidos todos sus contenidos, está protegida por derechos de Autor. Queda prohibida la reimpresión o reproducción, total o parcial, así como el almacenamiento, procesamiento, reproducción y distribución con la ayuda de sistemas electrónicos, en su totalidad o en parte, sin el permiso escrito del Autor. Todos los derechos de traducción están reservados.

El contenido de este libro ha sido investigado sobre la base de fuentes reconocidas y verificado cuidadosamente. Sin embargo, el Autor no asume ninguna responsabilidad por la actualidad, exactitud e integridad de la información proporcionada.

Los reclamos de responsabilidad contra el Autor, que se refieran a daños de salud, materiales o de tipo imaginario, que fueron causados por el uso o desuso de la información presentada y/o por el uso de información incorrecta e incompleta, son excluidos, siempre y cuando por parte del Autor no se demuestre la existencia de una culpa deliberada o negligente. Este libro no es un sustituto de los consejos y cuidados médicos o profesionales.

Este libro se refiere a contenidos de terceros. El Autor declara expresamente que en el momento de la creación de los enlaces no se reconocían contenidos ilegales en las páginas enlazadas. El Autor no tiene ninguna influencia sobre los contenidos de los enlaces. Por lo tanto, el Autor se desvincula expresamente de todos los contenidos de las páginas enlazadas, que hayan sido modificadas después de la creación del enlace. Para los contenidos ilegales, incorrectos o incompletos y en particular para el daño, que se desarrolla a partir del uso o desuso de tal tipo de información presentada, sólo el oferente de la página, a la que se hace referencia, es responsable, no el Autor de este libro.

Copyright Kilian Langenfeld

Difusión 05/2019

Ninguna parte del texto puede ser utilizada en ninguna forma sin el permiso del Autor.

Contacto: Tim Ong/ Türkstr. 4/ 30167 Hannover

Imagen de portada: docstockmedia/shutterstock.com

Formato: Kilian Langenfeld

Referencias bibliográficas

Boag, P. (2018): What Is Customer Journey Mapping and How to Start? URL: https://boagworld.com/ usability/customer-journey-mapping/ [Actualizado: 04-04-2018]

Design Thinking: The Guidebook for Public Sector innovation in Bhutan. URL: http://www.rcsc.gov.bt/ wp-content/ uploads/2017/07/dt-guide-book-master-copy.pdf [Actualizado: 20-06-2018], p. 28

Design for Founders: 10 Powerful Case Studies of Remarkable Business Growth With Design You Need to See. URL: https://www.designforfounders.com/ business-growth-with-design/ [Actualizado: 29-05-2018]

Design Kit: Methods. URL: http://www.designkit.org/ methods_[Actualizado: 01-06-2018]

Eshaghmohammadi, F. (2016): Become the patient – Design Thinking Grundlagen. URL: http://www.ppcdetective.de/ blog/design-thinking-blog/become-the-patient-design-thinking-grundlagen/ [Actualizado: 15-05-2018]

International Organization for Standardization (2010): Ergonomics of human-system interaction -- Part 210: Human-centred design for interactive systems

Kramer, A. (2016): Design Thinking in der Praxis: Casinos, MAM, Erste Bank, ÖBB. URL: https://www.trend.at/ branchen/karrieren/design-thinking-praxis-7624507 [Actualizado: 05-04-2018]

Roland Berger: Design Thinking: Von einer
Produktentwicklungsmethode zu einem Ansatz für
strategische Entscheidungsprozesse. URL:
https://www.rolandberger.com/de/press/Design-Thinking-
Von-einer-Produktentwicklungsmethode-zu-einem-Ansatz-
f%C3%BCr-strate-2.html [Actualizado: 20-04-2018]

Russo, B. et al. (2012): Design Thinking Business Innovation,
MJV Press, Rio de Janeiro

www.ingramcontent.com/pod-product-compliance
Lightning Source LLC
LaVergne TN
LVHW041333200726
843509LV00009B/701